AF312737

COLLECTION DE M. DE G...

OBJETS D'ART

ET DE

HAUTE CURIOSITÉ

DE LA RENAISSANCE, DES XVIIe ET XVIIIe SIÈCLES

MEUBLES

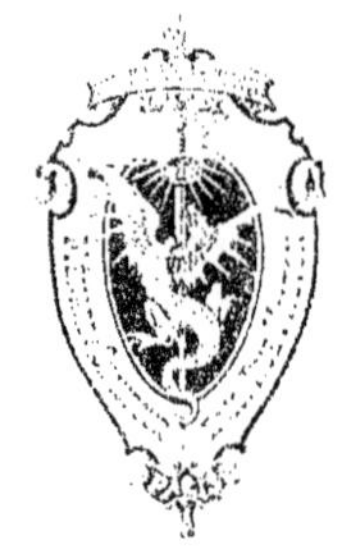

CATALOGUE

DES

OBJETS D'ART

ET DE

HAUTE CURIOSITÉ

De la Renaissance, des XVIIᵉ & XVIIIᵉ Siècles

GROUPES & STATUETTES EN BOIS, IVOIRE & PIERRES DURES

Cuivre, Dinanderie, Fers

PORCELAINES, VERRERIE

BRONZES, FLAMBEAUX, ORFÈVRERIE

Bibliothèque en bois de rose ornée de bronzes de l'époque de la Régence

TABLE DE LA RENAISSANCE

PENDULE ASTRONOMIQUE de Jacob & Cottereau

MEUBLES

Composant la Collection **de M. de G.**

DONT LA VENTE AURA LIEU

HOTEL DROUOT, SALLE Nº 6

Les Lundi 9 et Mardi 10 Décembre 1901

A 2 HEURES

Mᵉ **F. LAIR DUBREUIL**	**M. Ch. BELVAL**
COMMISSAIRE-PRISEUR	EXPERT
Successeur de Mᵉ DUCHESNE	
6, *rue de Hanovre*	6, *Rue St-Georges*

EXPOSITIONS

Particulière	**Publique**
Le Samedi 7 Décembre 1901	*Le Dimanche 8 Décembre 1901*

DE I HEURE 1/2 A 5 HEURES 1/2

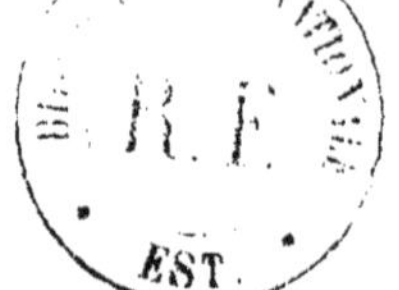

ORDRE DES VACATIONS

Lundi 9. — Porcelaine, Verrerie, Fers, Objets variés.
Mardi 10. — Dinanderie, Sculptures, Meubles.

CONDITIONS DE LA VENTE

Elle sera faite au comptant.

Les acquéreurs paieront *dix pour cent* en sus des adjudications.

Les Expositions permettant aux acquéreurs de se rendre compte de l'état et de la nature des objets, il ne sera admis aucune réclamation une fois l'adjudication prononcée.

Imprimerie Ménard et Chaufour, 3-10 rue Milton — PARIS

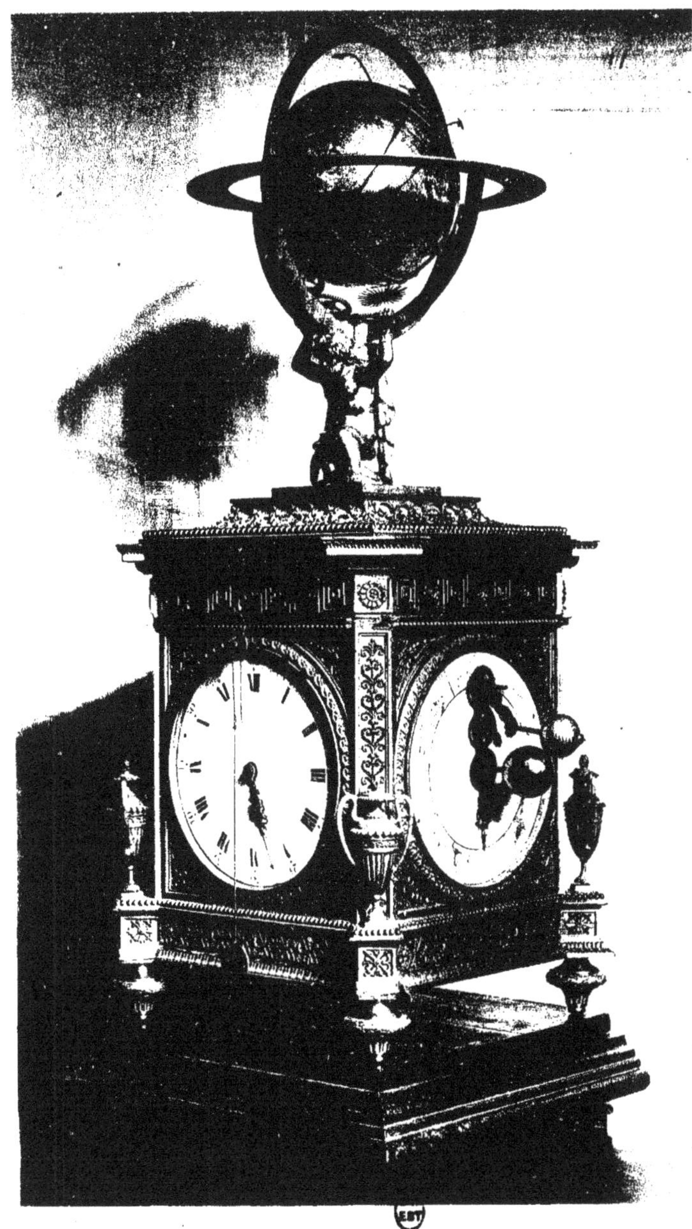

DÉSIGNATION

PORCELAINE, VERRERIE

1 — Pot a crème en ancienne porcelaine tendre de Sèvres décor doré, et une tasse également en ancienne porcelaine tendre, décor doré.

Sèvres H.-P. Prévost. 1792.

2 — Pot a crème en ancienne porcelaine tendre de Sèvres décorée de bouquets.

3 — Tasse et soucoupe en ancienne porcelaine tendre de Sèvres décorée d'un ruban bleu avec une guirlande de roses, par *Tendart et Théodore.*

Sèvres 1754, R. 1769.

4 — Tasse et soucoupe en ancienne porcelaine tendre de Sèvres, fond blanc, décorée d'un groupe d'amours en grisaille, bouquets de fleurs polychrômes, par *Sinsson.*

Sèvres 1755.

5 — Assiettes. Quatre douzaines d'assiettes décorées

de bouquets en semis et bords dorés en ancienne
porcelaine dite de la Courtille.

Suite de J.-B. Locré 1790.

6 — Deux compotiers à décor de bouquets en an
cienne porcelaine dite de la Courtille.

Suite de J.-B. Locré 1790.

7 — Saladier en ancienne faïence polychrôme de
Rouen, le décor figurant l'arbre d'amour.

8 — Pot a surprise ancienne faïence de Nevers,
décor bleu.

9 — Commère avec son couvercle en faïence de
Marseille, décor de la veuve Perrin.

10 — Deux beurriers et un porte-huilier en ancienne porcelaine de Tournay.

11 — Verre de l'étrier en forme de botte dite à la
Bassompierre, bords gravés de feuillages.

Allemagne, xvi⁰ siècle.

12 — Coupe a fruit en verre légèrement fumé et en
forme de bassin avec une anse à torsades.

Venise, xvi⁰ siècle.

13 — Flacon carré décoré d'une peinture figurant
un saint personnage.

Venise, xvi⁰ siècle.

14 — Cornet en verre incolore, pied rond à balustre unie et à collet.

Venise, xvi⁰ siècle.

15 — Cornet uni en verre incolore.

Venise, xvi⁰ siècle.

16 — FLUTE en verre incolore montée sur pied rond
à grappe de raisins.

Venise, xvi° siècle.

17 — CORNET en verre couleur lie de vin, le bord
blanc.

Venise, xviii° siècle.

18 — DEUX SALIÈRES doubles et deux salières sim-
ples en cristal taillé, gravé en creux et doré.

Époque Louis XIV et Louis XV.

19 — CORNET en verre incolore en forme de fleur,
pied rond à quenouille godronnée.

Venise, xvi° siècle.

20 — COUPE en verre incolore, forme hexagonale
avec bords filetés, pied rond à balustre.

Venise, xvi° siècle.

21 — CORNET en verre incolore, pied rond à quenouille godronnée.

Venise, xvi° siècle.

22 — FLACON CARRÉ en verre gravé de marguerites.

Venise, xvii° siècle.

23 — GLOBE en verre incolore surmonté d'une poignée fleurdelysée.

Venise, xvi° siècle.

24 — COUPE RONDE en verre incolore à bords rele-
vés, pieds godronné.

Venise, xvi° siècle.

25 — DEUX PETITS FLACONS carrés en verre incolore,
arettes torses surmontées et ornées de fruits teintés
en bleu.

Venise, xvii° siècle.

26 — PETITE COUPE ET BASSIN en verre teinté.

Venise, xve et xvie siècles.

27 — COUPE en verre incolore à panse godronnée, pied fumé à motif Renaissance.

Venise, xvie siècle.

28 — PETITE COUPE en verre incolore, les anses rondes, le verre semé de grains d'orge.

Venise, xvie siècle.

29 — PETITE COUPE, en verre incolore, les bords lobés, les anses teintées en bleu, pieds tors.

Venise XVIe siècle.

30 — DEUX BURETTES en verre taillé.

Epoque Louis XVI.

31 — DEUX BURETTES en verre coloré en bleu, émaillé et doré, ornements de l'époque Louis XVI.

32 — DEUX SALIÈRES en cristal taillé.

Epoque Ier Empire.

33 — VITRAIL polychrôme figurant la Vierge de l'Annonciation, vue à mi-corps, les mains jointes ; de chaque côté des bordures aux armes de François Ier et de Claude de France.

France, xvie siècle.
Haut. : 0^m42 ; Larg. : 0^m40.

34 — VITRAIL polychrôme présentant la Fuite en Egypte.

France, fin du xve siècle.
Haut. : 0^m37 ; Larg. : 0^m37.

DINANDERIE, CUIVRES, FERS

35 — LUSTRE à six lumières en dinanderie.

Hollande, XVIIe siècle.

36 — CHANDELIER en dinanderie, à pied rond, tige à quenouille coupée au centre d'une rouelle.

Flandre, XVIe siècle.

37 — PAIRE DE FLAMBEAUX en dinanderie.

Epoque Louis XV.

38 — PAIRE DE FLAMREAUX en dinanderie.

Epoque Louis XV.

39 — PAIRE DE FLAMBEAUX en dinanderie, orne-manisée, lauriers et feuilles d'eau,

Epoque Louis XV.

40 — FLAMBEAU religieux en dinanderie.

XVe siècle.

41 — DEUX FLAMBEAUX en dinanderie, l'un à pied carré et binet à pans, l'autre avec tige en forme de quenouille, pied carré à coins rentrés.

XVe et XVIe siècle.

42 — PAIRE DE PETITS FLAMBEAUX en dinanderie.

XVe siècle.
Haut. : 0m12.

43 — MARMITE en métal de cloche, montée sur trois pieds, anse en fer.

XVe siècle.

44 — B**assin** en dinanderie, avec une anse ouvragée.

Première moitié du xvie siècle.

45 — C**oquemar** en dinanderie, muni de deux becs,
anse ouvragée avec piton et anneau de suspen-
sion.

Flandre, xve siècle.

46 — P**aire** **de** **flambeaux** **religieux** en dinanderie, couronnement à créneaux.

xve siècle.
Haut. : 0^m39.

47 — P**aire** **de** **flambeaux** **religieux** en dinanderie, montés sur trois pieds figurant des lions
assis.

xve siècle.
Haut. : 0^m27.

48 — D**eux** **petites** **statuettes** en cuivre, rosette
dorée et gravée représentant Saint Jean et Made-
leine.

France. xviie siècle.

49 — P**etit** **christ** en cuivre, traces de dorures.

xiiie siècle.

50 — C**roix** **processionnelle** en cuivre avec des
traces d'émaux et de dorures. au centre un Christ
de même nature.

Epoque byzantine.

51 — A**utel** **portatif.**

Pierre d'ardoise carrée gravée au centre d'une croix
et garnie d'un entourage en cuivre gravé de feuillages
et doré.
Les quatre coins reposent sur des lions écartelés également en bronze ciselé et doré.
France. xve siècle.

Long. : 0^m21. Larg. : 0^m21.

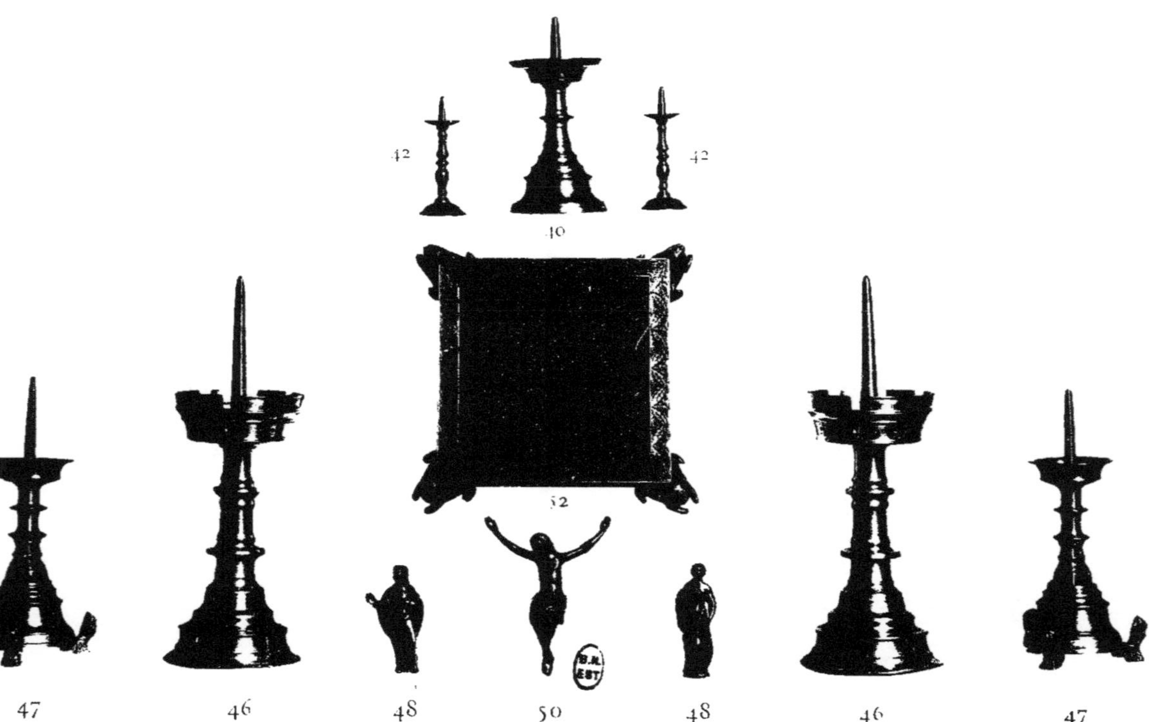

42
40
42
52
47
46
48
50
48
46
47

52 — PETIT BÉNITIER en bronze ciselé et doré, décor
feuilles d'acanthes.

Style Louis XIV.

53 — BÉNITIER en bronze ciselé et doré, un petit ange-
lot portant une croix reliquaire.

Epoque Louis XIV.

54 — PETIT BAISER DE PAIX en cuivre.

Epoque Louis XIII.

55 — COFFRET oblong à couvercle arrondi, poignée
à moraillon à pression.

Epoque Louis XIII.

56 — COFFRET carré à dossier légèrement arrondi,
serrure à moraillon à secret avec sa clé.

Fin du xvᵉ siècle.

57 — SERRURE GOTHIQUE en fer, ornements et her-
mines, clochetons architecturaux; le moraillon
manque.

xivᵉ siècle.

58 — SERRURE GOTHIQUE en fer à bords découpés,
le moraillon orné d'un serpent, clochetons architecturaux.

xivᵉ siècle.

59 — SERRURE GOTHIQUE à bords découpés, contreforts à têtes carrés; manque le moraillon.

60 — SERRURE GOTHIQUE carrée à bords galonnés,
contreforts à ornements tors et têtes.

xivᵉ siècle.

61 — SERRURE DE COFFRE en fer de l'époque gothique,
à bords ajourés, moraillon ornemanisé de figures
d'animaux, avec sa clé.

62 — SERRURE GOTHIQUE en fer. Le fond ornemanisé de motifs cloués et ajourés, trois clochetons architecturaux, moraillon également à clocheton et figure de chimère.

XIVe siècle.

63 — SERRURE DE COFFRE en fer du XVIe siècle à ornements ajourés, avec sa clé à broche à pannetons, fenestrée en forme de croix.

64 — SERRURE GOTHIQUE en fer, le fond ornemanisé de rosaces, moraillon et clochetons ornés de croix.

65 — SERRURE GOTHIQUE en fer de forme carrée, bords découpés, ornée de motifs galonnés en relief, incomplète ; et une autre serrure carrée également à bords découpés.

66 — SERRURE en fer de l'époque de la Renaissance, le fond ornemanisé de rinceaux, de figures d'enfants et d'animaux, contreforts ornés de figures d'hommes, moraillon portant blason à trois coquilles, deux et un, bords galonnés.

Armoiries des Metternich.

67 — SERRURE en fer ouvragé de l'époque Louis XIV, l'intérieur orné de figures d'animaux, fusée mobile à broche carrée, extérieur à ornements ajourés et gravés. Moulures d'encadrement.

68 — FERS divers ouvragés des XIVe, XVe et XVIe siècles.

69 — SEPT CLÉS des XIVe et XVe siècles, en fer ajouré, pannetons et refans.

70 — SERRURE GOTHIQUE en fer portant une varvelle ornemanisée à tête de chimère.

XIVe siècle.

71 — SIX CLÉS de l'époque de la Renaissance en fer ouvragé et ajouré.

72 — POINÇON ET CLÉ en fer ajouré marqués d'un B et d'un R.

Époque du XVIIe siècle.

73 — CINQ CLÉS en fer ajouré et ciselé de rinceaux et figures d'animaux, pannetons à refans. Tiges triangulaires, fer français.

XVIIe siècle.

74 — DEUX CLÉS en fer ouvragé.

Époque de la Régence.

75 — TROIS CLÉS en fer ouvragé.

Époque du XVIIe siècle.

76 — DEUX CLÉS en fer ciselé et gravé, dont une ornée de dauphins et l'autre de perles.

Époque Louis XVI.

77 — CLÉ DORÉE finement ciselée d'ornements et de rinceaux.

Époque Louis XV.

78 — CLÉ DORÉE en forme de crosse portant à son centre un écusson surmontée d'une couronne ducale.

Époque de la Régence.

79 — CLÉ LOUIS XVI, ciselée et ornée de cariatides portant la couronne royale avec au centre le chiffre du Roy.

80 — Clé Louis XVI en argent doré, semblable à
la précédente mais plus petite.

81 — Sabre de cavalier avec poignée en cuivre
ouvragé et doré, le fourreau en cuivre argenté.

Hongrie, xviiᵉ siècle. Le fourreau est du xviiiᵉ siècle.

82 — Carquois en cuir avec garnitures et anneaux
en cuivre ouvragé.

Hongrie, xviiᵉ siècle.

83 — Pertuisane en fer gravé aux armes de l'évêque
de Langres.

xviiᵉ siècle.

84 — Esponton de major avec le fer de lance en
partie doré.

Époque Louis XIV.

85 — Pertuisane en fer gravé et doré, aux armes
de Maximilien d'Autriche.

xviiᵉ siècle.

86 — Pertuisane en fer gravé d'armoiries.

Époque Louis XIV.

87 — Deux lames de poignard en acier damasquiné,
les talons dorés.

Travail persan.

88 — Haches. Deux fers de haches, l'une dite framée
du xiiiᵉ siècle, l'autre dite hache suisse du
xivᵉ siècle.

89 — Deux éperons et un fragment de mors. Les
éperons de l'époque du xviᵉ siècle. Le mors du
xviiᵉ siècle.

90 — COUTEAU ET FOURCHETTE avec manches en ivoire travaillé et piqué de nacre.

Époque de la Renaissance.

91 — COUTEAU ET FOURCHETTE avec manches ronds travail de certosine.

Époque de la Renaissance.

92 — COUTEAU ET FOURCHETTE avec manches carrés en ivoire piqué de petits coquillages en argent.

Époque Louis XIV.

SCULPTURES

BOIS. — IVOIRES. — PIERRES.

93 — PORTE DE TABERNACLE bois sculpté du XVIe siècle.

94 — EX-VOTO de saint Nicolas, bois sculpté du XVe siècle.

95 — DEUX FIGURINES, appliques en chêne sculpté figurant deux anges, formant pendants, XVIe siècle.

96 — STATUETTE en bois sculpté présentant une sainte femme debout et drapée.

Travail francais du XVIIe siècle.

Haut. : 0^m39.

97 — PETITE STATUETTE, applique en bois sculpté figurant un saint debout tenant un évangéliaire

Manque un bras. Seconde moitié du XIVe siècle.

Haut. : 0^m16.

98 — Groupe en chêne sculpté et peint : Saint Martin partageant son manteau.

Ecole de Bourgogne xv° siècle.

99 — Petite statuette en noyer sculpté. La Vierge debout tenant l'Enfant Jésus.

Seconde moitié du xv° siècle.
Haut. : 0°31.

100 — Statuette reliquaire, bois sculpté, peint et doré figurant un archange aux ailes éployées.

Travail français du xvi° siècle.
Haut. : 0ᵐ41.

101 — Petit groupe bois sculpté peint et doré.

La Vierge debout tient l'Enfant Jésus. Elle est vêtue
d'une robe recouverte d'un ample manteau.
Italie xvi° siècle.

Haut. : 0°35.

102 — Statuette applique bois sculpté figurant saint Laurent ?

Seconde moitié du xv° siècle.
Haut. : 0ᵐ49.

103 — Statuette applique en noyer sculpté présentant un moine debout.

La main gauche levée; de la main droite, il tient
un pan de son manteau.
France xvi° siècle.

Haut. : 0ᵐ38.

104 — Statuette applique en noyer sculpté présentant un moine debout.

De la main droite il tient ouvert un évangéliaire, de la
main gauche il tient son manteau.
Ecole de Bourgogne xvi° siècle.

Haut. : 0ᵐ38.

105 — HAUTE STATUETTE en bois sculpté présentant
la Vierge de l'Annonciation.

> Elle est debout drapée d'un long manteau couvrant sa
> robe, elle tient sous le bras gauche un livre.
> Nord de la France xvii° siècle.
>
> Haut. : 0ᵐ71.

106 — STATUETTE en noyer sculpté présentant saint
Baudry.

> Il est debout vêtu d'une ample tunique, il semble
> écouter les voix de la forêt. A ses pieds un sanglier
> couché.
> Epoque Louis XV.
>
> Haut. : 0ᵐ66.

107 — GROUPE RELIGIEUX en noyer sculpté.

> La vierge drapée d'un ample manteau est assise dans
> une chaise dont le dossier est orné de clochetons. Elle
> donne le sein à l'Enfant Jésus qu'elle berce dans ses bras.
> France xv° siècle.
>
> Haut. : 0ᵐ42; larg. 0ᵐ40.

108 — NID D'AMOUR en bois de tilleul sculpté.

> Des colombes jouant sur un nid. Signé de *Briand, de
> Dijon*, élève de Prudhon.

109 — STATUETTE en ivoire polychrome et doré présentant saint Michel portant la cuirasse et au
côté droit une écharpe. Il est chaussé de co-
thurnes.

> Travail du xvii° siècle.
> Haut. : 0ᵐ84.
> Collection de Sir Francis Baronn.

110 — VOLET DE DYPTIQUE. Ivoire sculpté en haut-
relief divisé en quatre compartiments superposés,
présentant des scènes relatives à la vie du Christ,
et disposées sous des arcatures gothiques.

> France, seconde moitié du xiv° siècle.
> Haut. : 0ᵐ13. Larg. : 0ᵐ10.

111 — Plaque d'ivoire sculptée en haut-relief, et présentant, dans un encadrement carré à moulures, saint Jean debout sur une nef dont les voiles sont déployées, parties peintes rehaussées d'or.

> Espagne, xviie siècle.
> Collection de Sir Françis Barnon.
> Haut. : 0m11. Larg. : 0m08.

112 — Plaque d'ivoire sculptée, présentant un évêque crossé et mitré, il tient dans la main gauche un calice.

> Fin du xviie siècle.

113 — Statuette de sainte Marthe, en pierre dure.

> Elle est debout, drapée d'un manteau trainant, elle tient dans la main droite un ciboire à bords perlés.
> École de Bourgogne, xve siècle.
> Haut. : 0m61

114 — Statuette applique en pierre dite d'Asnières, présentant un moine debout tenant de la main gauche un calice sur lequel est posé une tarasque.

> France, xve siècle.
> Haut. : 0m36.

115 — Statuette applique en pierre dite d'Asnières présentant le Donateur.

> Il est debout et prie les mains jointes.
> France, xve siècle.
> Haut. : 0m36.

116 — Petit groupe en pierre tendre sculptée, présentant la Vierge debout, la tête et le corps drapé d'un manteau et tenant l'Enfant Jésus.

> Travail français du xviie siècle.
> Haut. : 0m43.

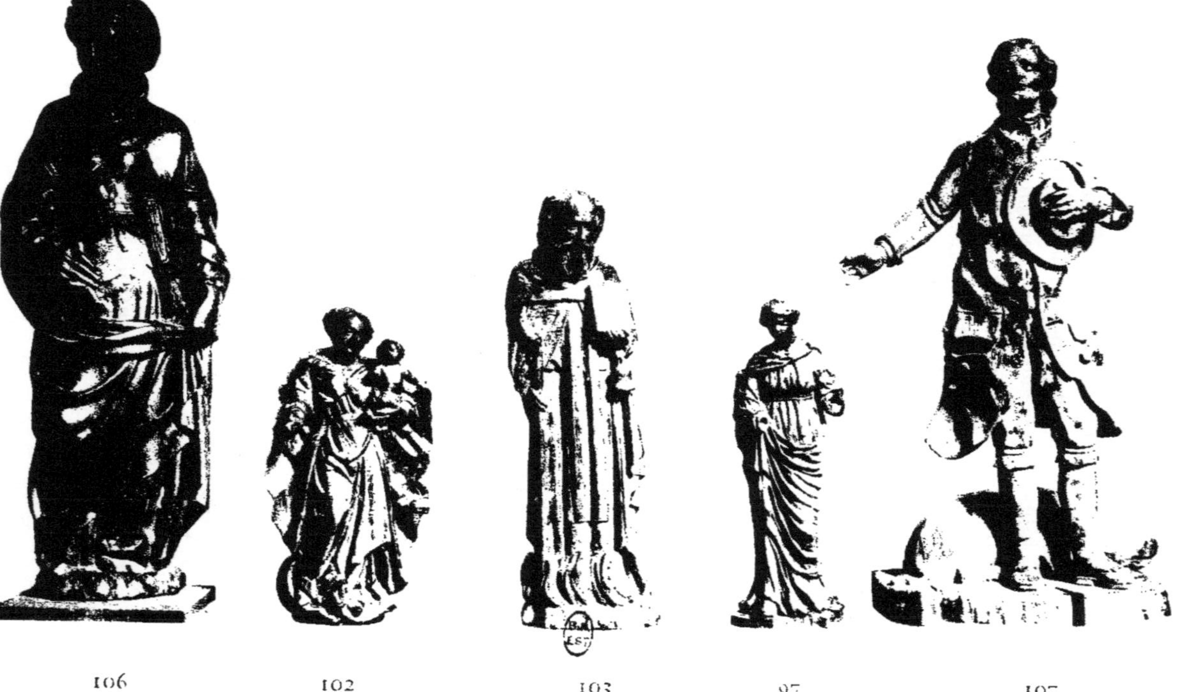

106   102   103   97   107

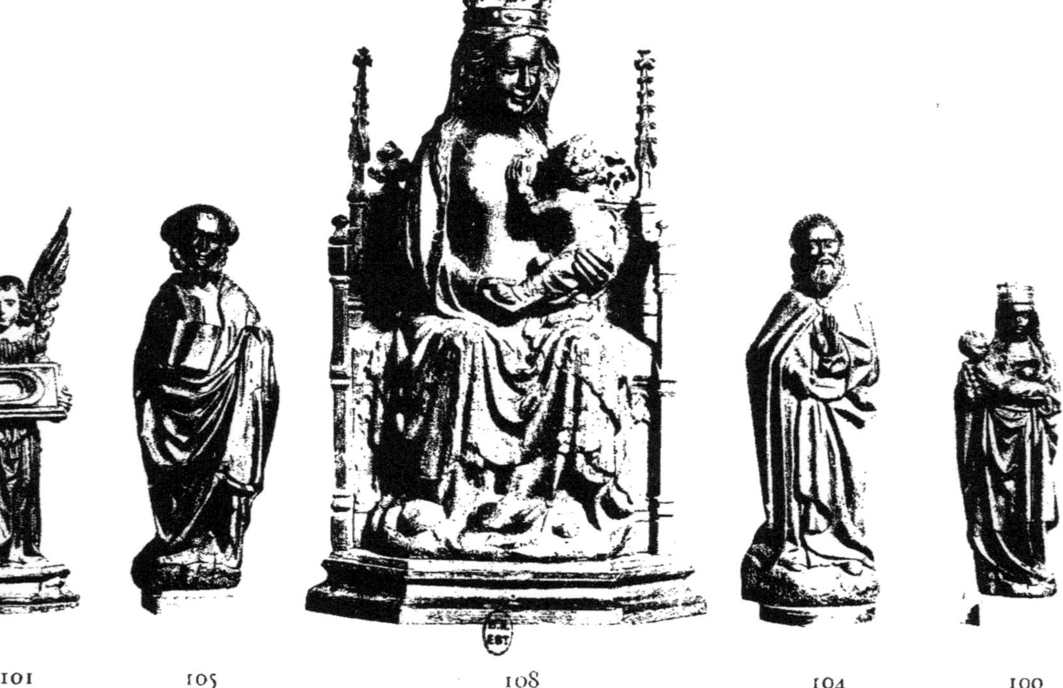

101   105   108   104   100

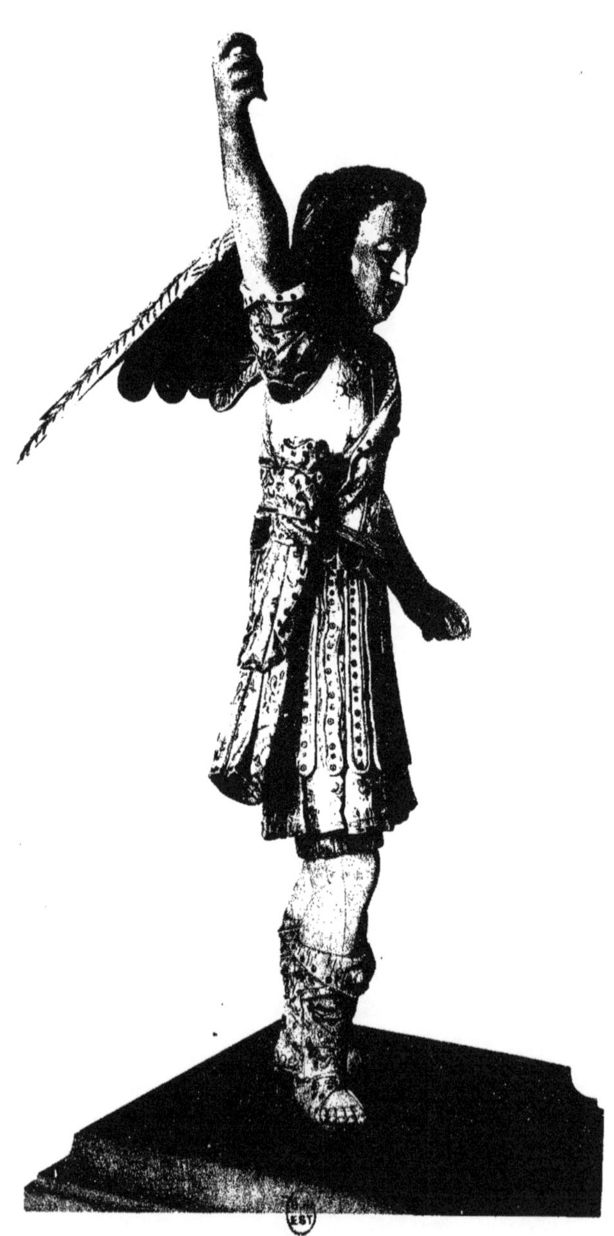

110

Phototypie Berthaud, Paris

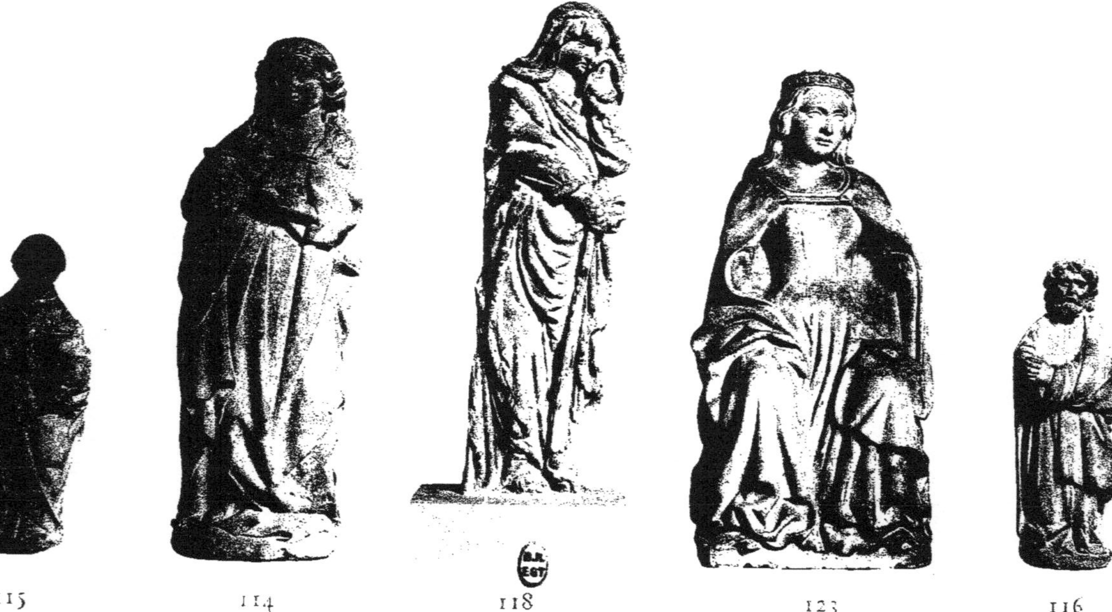

Phototype Berthaud, Paris

117 — SATUETTE en pierre dure, figurant un génie
funèbre.

> Provient d'un tombeau et attribué à *Germain Pilon*
> Haut. : 0ᵐ62.

118 — BUSTE d'Empereur romain en pierre dure
d'Asnières, piedouche en marbre.

> Époque Louis XIV.
> Haut. : 0ᵐ85.

119 — BUSTE d'Empereur romain de même nature
que le précédent.

> Époque Louis XIV.
> Haut. : 0ᵐ85.

120 — BUSTE de jeune fille figurant Diane.

> Pierre dure.
> Travail français du xviiᵉ siècle.

121 — BUSTE du maréchal de Turenne.

> Pierre dure d'Asnières sur socle en marbre.
> Époque Louis XIV.
> Haut. : 0ᵐ70.

122 — STATUETTE en pierre dure, figurant une vierge
assise et drapée.

> Elle est coiffée d'un diadème. Les bras manquent.
> Nord de la France, xvᵉ siècle.
> Haut. : 0ᵐ58.

ORFÈVRERIE EN PLAQUÉ

BRONZES, FLAMBEAUX

123 — Encrier en plaqué d'argent. Deux godets de forme ovoïde, avec, au centre, un autre godet portant une sonnette, monté sur un plateau à quatre pieds. Armoiries des *Chateaubriand*.

Époque Régence,

124 — Aiguière et plateau en plaqué d'argent, portant des armoiries.

Époque de la Régence.

125 — Commère avec son couvercle en plaqué d'argent, les deux pièces armoiriées.

Époque Louis XIV.

126 — Buire en plaqué d'argent en forme de casque, avec son bassin portant les armoiries de l'abbaye de Baize en Bourgogne.

Époque de la Régence.

127 — Aiguière avec son bassin, en plaqué d'argent, gravé d'armoiries, portant trois maillets deux et un.

Époque de la Régence.

128 — Buire en plaqué d'argent, en forme de casque.

Époque Louis XIV.

129 — Aiguière en plaqué d'argent.

Époque Louis XIV:

130 — Deux bouilloires en plaqué d'argent, de l'époque de la Régence.

131 — Deux porte-huiliers en plaqué d'argent. L'un portant armoiries d'azur au chef sablé à trois besans de gueules. (*Armoiries des Richard*). L'autre portant armoiries d'épées, et d'une couronne de marquis, surmontant deux blasons accolés.

Époque Louis XV.

132 — Cafetière en plaqué d'argent, décorée de guirlandes de roses et d'un écusson portant les armoiries d'un *chevalier de Saint-Louis.*

Époque de la Régence.

133 — Grande aiguière avec son bassin, en plaqué d'argent de l'époque Louis XV.

134 — Sucrier avec couvercle de l'époque de la Régence, en plaqué d'argent.

135 — Deux salières bouts de table Louis XV, en argent.

136 — Deux salières bouts de table en forme de corbeilles clissées.

Époque du Directoire.

137 — Trois cuillères en plaqué d'argent.

138 — Moutardier et deux salières bouts de table Louis XVI. Écussons et guirlandes en argent. Cristal bleu.

139 — Coupe présentoir en bronze sur piédouche, portant au centre les armoiries d'un chevalier.

140 — Écuelle de chasse en bronze ciselé et doré, avec anses pliantes, portant les armoiries de *la duchesse de Montpensier*, dite la Grande Mademoiselle.

Fin de l'époque Louis XIV.

141 — Plaque d'entrée de serrure en bronze ciselé et doré au mercure au mat, avec un décor de guirlandes de roses très finement ciselé.

Par Caffieri.

Haut. : 0^m10. Larg. : 0^m19.

142 — Statuettes porte-lumières en bronze à patine brune, présentant deux femmes drapées à la manière antique.

Modèles exécutés *par Pradier.*

Haut. : 0^m31.

143 — Statuettes porte-lumières semblables aux précédentes, mais plus petites.

Haut. : 0^m25.

144 — Paire de flambeaux en bronze ciselé et doré, fûts et pieds canelés et perlés.

Époque Louis XVI.

145 — Paire de flambeaux de l'époque Louis XIV, en bronze gravé et argenté.

146 — Flambeaux bouts de table en bronze argenté et portant des armoiries.

147 — Paire de girandoles à trois lumières, en bronze ciselé et doré de l'Époque de la Régence.

Haut. : 0^m40.

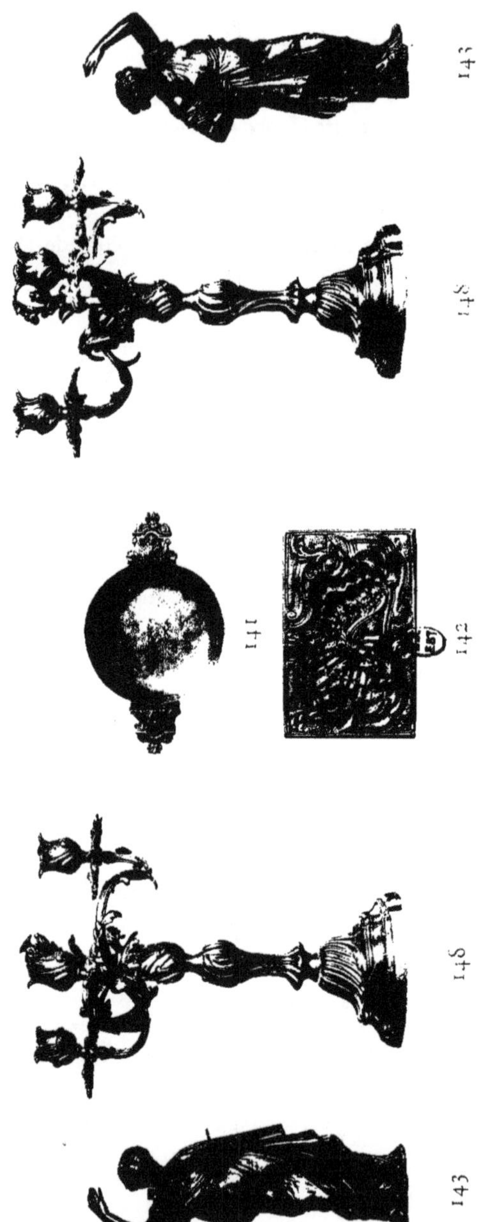

148 — DEUX FLAMBEAUX de style rocaille, ornema-
nisés de fleurs et d'insectes, en bronze ciselé et
doré au mercure.

Époque Louis XVIII.

149 — DIVERS FLAMBEAUX en bronze ciselé, doré et
argenté des époques Louis XIV, Louis XV et
Louis XVI et du Directoire, dont un ciselé par
Gouthière et provenant de l'incendie des Tui-
leries.

150 — BOUTS DE TABLE à trois lumières, en bronze
ciselé et argenté, et portant les armoiries de la
maison *de Baleuvre*.

Époque Louis XVI.

151 — PAIRE DE FLAMBEAUX de l'Époque Louis XVI,
en bronze doré, décor guirlandes et écussons.

Vente du prince de Condé.

152 — SEPT BOUGEOIRS dits poucettes et bougeoirs
de Noël, en bronze ciselé, gravé, argenté, plu-
sieurs avec des ornements et des mascarons aux
poignées.

Époque de la Régence et de Louis XVI (*à diviser*).

OBJETS VARIÉS

153 — STATUETTE BOUDHIQUE en argent martelé.

Travail ancien du Cambodge.

154 — PETIT BÉNITIER en argent repoussé et ciselé, décor à figurines d'amours, de guirlandes et de rinceaux.

XVIIᵉ siècle.

155 — COFFRET en ivoire, forme tombeau, parties filitées d'ivoire vert, base et chapiteau ornés de moulures.

Époque Louis XIII.

156 — MÉDAILLON ovale en pierre de Munich, cerclé d'argent. Portrait du maréchal de Bassompierre.

Époque Louis XIII.

157 — MÉDAILLE en bronze ciselé et doré. Elle présente à l'avers l'effigie de Voltaire, au revers des attributs de style Louis XV s'enlevant sur un soleil.

158 — RELIQUAIRE, plaque ovale en cristal de roche, garnie d'un entourage en filigrane d'argent, dans lequel sont serties des pierres de couleurs.

159 — MÉDAILLE BYZANTINE avec deux effigies sur l'avers qui est concave.

160 — MÉDAILLE commémorative du Supplice de Jean Huss, propagateur de la réforme ; à l'avers le

profil du réformateur et IOA—HVS; au revers, le bucher et la légende : IO—HVS. CONDEMNATVR. CRISTONATO, 1415.

161 — CROIX DE COLLIER, style de la Renaissance, en argent travaillé et orné de pierres fines.

MEUBLES

162 — BAHUT de l'époque de la Renaissance, à deux corps et à quatre portes, en noyer plaqué de racine d'if.

> Le fronton à moulures évidées est soutenu aux coins par des aigles sculptés. Les quatres portes sont flanquées de doubles colonnes torses avec des têtes d'angelots.
>
> Haut.: 2^{m}o5; Larg. : 1^{m}5o.

163 — CABINET de style Louis XIII en bois noir gravé, le corps du haut à portes pleines reposant sur des colonnes torses.

> Haut. : 1^{m}64; Larg. : 1^{m}34; Profond. : o^{m}54.

164 — TABLE de l'époque de la Renaissance en noyer avec incrustations à filets de couleurs, les pieds en formes de colonnes droites.

165 — TABLE A ÉVENTAIL de l'époque de la Renaissance, noyer sculpté d'ornements, de feuilles d'acanthes et de rinceaux, doubles colonnes torses. Attribuée à *Androuet Ducerceau* vers 156o.

> *Vente d'Abzac.*
>
> Haut. : o^{m}8o; Long. : 1^{m}1o; Larg. : o^{m}77.

166 — GRANDE TABLE à éventail, dite bureau d'audience de l'époque de la Renaissance, en noyer sculpté reposant au centre sur sept colonnettes, balustres ornemanisées et aux deux extrémités sur des cariatides adossées à des panneaux pleins également sculptés et portant chacun le chiffre de *Henri II*.

> Ce meuble qui est un spécimen remarquable de *l'Ecole de Bourgogne* vers 1500, provient du Palais des Ducs à Dijon et de la *collection Baudot père*.
>
> Haut. : 0ᵐ84 ; Larg. : 0ᵐ89 ; Long. : 1ᵐ98

167 — QUATRE FAUTEUILS de style Louis XIII à haut dossiers, pieds à entrecroisement et à colonnes torses, recouverts de tapisserie.

168 — QUATRE CHAISES de style Louis XIII recouvertes en tapisserie.

169 — DEUX CHAISES de style Renaissance en noyer sculpté.

170 — PETITE TABLE de couvent de Carmélites en bois sculpté de l'époque Louis XIII.

171 — PETITE COMMODE de l'époque Louis XVI en acajou orné de cuivres, dessus de marbre blanc avec un entourage à galerie en cuivre.

172 — POUDREUSE-BUREAU de l'époque Louis XVI en marqueterie de bois de couleur, dessus de marbre blanc avec entourage à galerie.

173 — CONSOLE de l'époque Louis XV en bois sculpté avec très beau dessus de marbre en porphyre rosé.

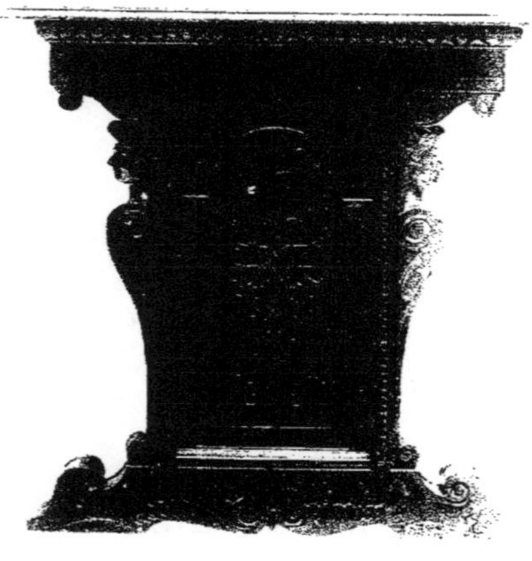

147

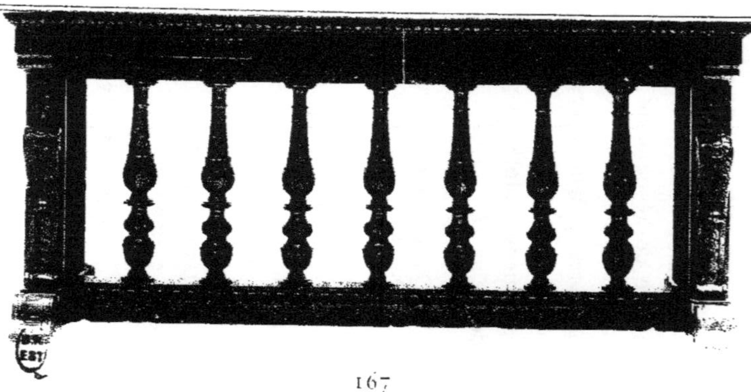

167

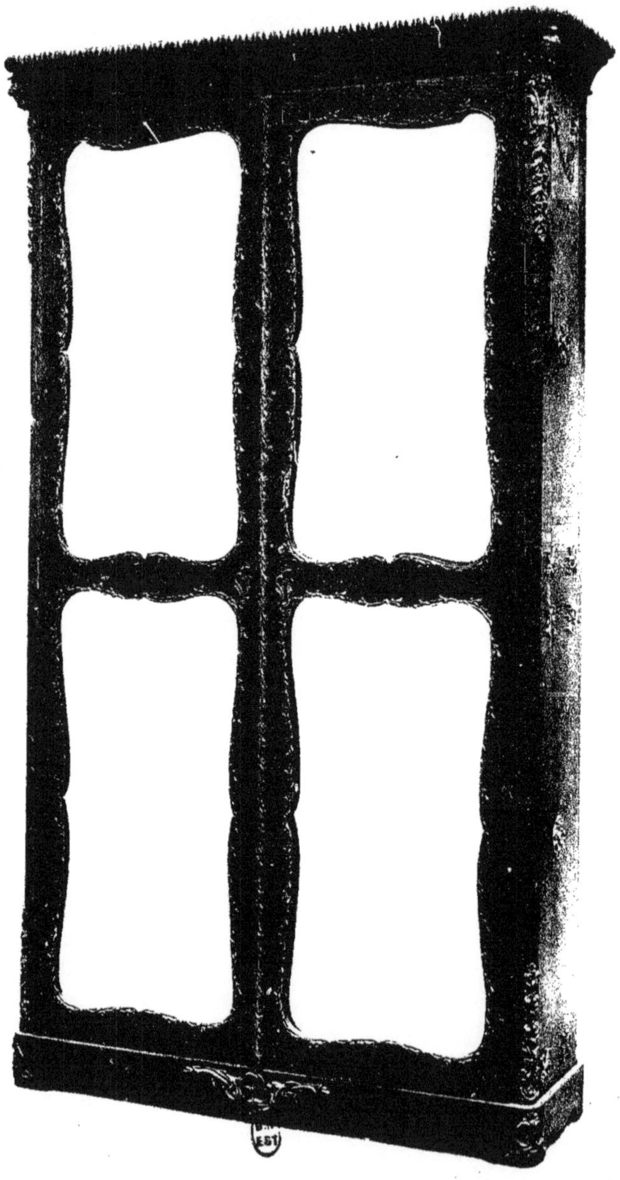

174 — BIBLIOTHÈQUE EN BOIS DE ROSE ornée de bronzes ciselés et dorés de l'ÉPOQUE DE LA RÉGENCE.

> Cette bibliothèque a deux portes ayant chacune deux ouvertures vitrées en forme de huit superposés.
>
> Le fronton, les portes, le soubassement, les entrées de serrure et les côtés sont entièrement ornés de bronze très remarquablement ciselés de feuillages, d'oves, et de mascarons qui forment les chutes.
>
> Ce meuble exécuté par un des maîtres de l'ébénisterie de l'époque de la Régence, provient d'un hôtel seigneurial de Dijon et de la collection *Baudot* père.
>
> Haut. 2ᵐ3o; Larg, 1ᵐ3o; Profond. oᵐ35.

175 — PENDULE ASTRONOMIQUE de l'époque Louis XVI.

> Cette pendule est à mouvements d'horlogerie multiples actionnant quatre cadrans dont un émaillé en couleurs portant les signes du Zodiaque, ainsi qu'un système planétaire placé à l'un des côtés et au sommet de la pendule.
>
> La gaine à quatre faces est en bois sculpté et doré, ornemanisée de motifs en plomb également dorés et flanquée aux quatre coins de petits vases en forme d'urnes. Le couronnement représente une figurine d'Atlas portant sur ses épaules une planète.
>
> Cette pendule qui sort des ateliers de JACOB ET COTTEREAU A PARIS, a appartenu au naturaliste *de Buffon* et provient de la collection *Nadaud de Buffon*.
>
> Hauteur : oᵐ8o

176 — PETITE COMMODE de l'époque Louis XV en acajou et marquetée de filets, ornée de bronzes. Deux tiroirs et dessus de marbre.

177 — TABLE DE TRICTRAC de l'époque Louis XVI marqueterie et filets.

178 — HUIT FAUTEUILS de l'époque Louis XVI avec dossiers à médaillons en bois sculpté, laqué blanc et vert-d'eau recouverts de tapisserie, décor de fleurs.

179 — Tabouret de style Louis XV en bois sculpté,
siège canné.

180 — Bahut de style Renaissance en bois sculpté, à
deux corps avec doubles portes, fronton, colonnes torses et ornements.

Haut. 1^m90; Larg. 1^m40; Profond. 0^m80.

181 — Commode Louis XVI en acajou avec cuivre
et dessus de marbre.

182 — Tabouret de style Louis XV en bois sculpté,
siège canné.

183 — Objets omis.

www.ingramcontent.com/pod-product-compliance
Ingram Content Group UK Ltd.
Pitfield, Milton Keynes, MK11 3LW, UK
UKHW031745170726

13836UKWH00002B/886